Porque Tuve Hambre

& Ustedes Me Dieron De Comer

Reflexiones Católicas Sobre Los Alimentos, Los Agricultores Y Los Trabajadores Agrícolas

UNITED STATES CONFERENCE OF CATHOLIC BISHOPS

Washington, D.C.

El documento *Porque Tuve Hambre Y Ustedes Me Dieron De Comer: Reflexiones Católicas Sobre Los Alimentos, Los Agricultores Y Los Trabajadores Agrícolas* fue creado por el Committee on Domestic Policy de la Conferencia de Obispos Católicos de Estados Unidos (USCCB). Fue aprobado por la asamblea plenaria de los obispos, en su Reunión General de noviembre de 2003, y ha sido autorizado para su publicación por el abajo firmante.

Mons. William P. Fay
Secretario General, USCCB

Las citas bíblicas fueron tomadas de la *Biblia Pastoral Latinoamericana* © 1989, Ramón Ricciardi y Bernardo Hurault y se usan con permiso.

Fotografías. Cubierta, de izquierda a derecha: CRS, Monte Mace, The Leaven/CNS, PhotoDisk; cubierta, parte inferior: Business & Agriculture; pág. i, de arriba a abajo, Monte Mace, The Leaven/CNS, Dana Wind, NC Catholic/CNS, Gerry Lewin, Catholic Sentinel/CNS; pág. ii, PhotoDisc, CRS; pág. 5, Michael Hoyt, Catholic Standard/CNS; pág. 6, Tricia Zackrisson, CHM; pág. 9, Dana Wind, NC Catholic/CNS; pág. 15, Family Time/Corbis Images; págs. 16-17, Corbis; pág. 18, CRS; pág. 22, Gerry Lewin, Catholic Sentinel/CNS; pág. 23, Reuters/CNS; págs. 25-26, PhotoDisk; págs. 28, 30, Business & Agriculture; pág. 31, PhotoDisk; pág. 33, Karin von Voigtlander, Catholic Courier/CNS.

ISBN 1-57455-903-6

Primera impresión, julio de 2004

El título es una cita de Mateo 25:35.

Contenido

Reflexión Pastoral

I. INTRODUCCIÓN

Como obispos, párrocos y maestros católicos, buscamos abordar la agricultura mediante el lente de nuestra fe, porque es mucho lo que está en juego desde el punto de vista moral y humano. Los alimentos sostienen la vida misma; no son simplemente otro producto más. Proveer alimentos para todos es un imperativo del Evangelio, no simplemente otra elección de política. Para muchos, la agricultura es una forma de vida, no simplemente otro negocio o industria. La agricultura es la manera en que los agricultores, rancheros y trabajadores agrícolas brindan una vida decente a sus familias y ayudan a alimentar un mundo hambriento. No es simplemente otra actividad económica.

La agricultura es diferente porque toca todas nuestras vidas, independientemente de donde vivamos o de lo que hagamos. Está relacionada con la forma en que alimentamos a nuestras propias familias; y a toda la familia humana. Está relacionada con la manera en que tratamos a los que ponen los alimentos en nuestra mesa y a los que no tienen alimento suficiente. Está relacionada con lo que está sucediendo con los alimentos y la agricultura, con las comunidades y aldeas rurales, frente a la creciente concentración, a la nueva tecnología y a la progresiva globalización en la agricultura. Para los creyentes, y en especial para los católicos, que acuden a las Escrituras y a la enseñanza de la Iglesia en busca de orientación, estas cuestiones y elecciones en el mundo de la agricultura tienen dimensiones éticas y humanas fundamentales.

Son demasiados los que en nuestra Iglesia y en nuestra nación no conocen el mundo de la agricultura. Para algunos, la agricultura es una realidad distante, poco vista y menos comprendida. Cuando vamos al supermercado, rara vez pensamos en el origen de nuestros alimentos, quién los produce, quién los cosecha, o qué implica procesarlos, empaquetarlos y distribuirlos. Cuando muchos de nosotros dedicamos algún pensamiento a la agricultura, nos preocupamos por el costo económico de los víveres y no por el costo ambiental que sufre nuestra tierra o por el costo humano para los agricultores, trabajadores agrícolas y comunidades rurales en Estados Unidos y en todo el mundo.

Escala. En 2001 se estimaba que había 2.16 millones de granjas en Estados Unidos,[1] mientras que, en 1950, habia aproximadamente 5.5 millones;[2] el 10% de estas granjas representa casi el 70% de toda la producción agrícola.[3]

Programas de apoyo agrícola. Recientes estudios muestran que aproximadamente dos tercios de los subsidios van a sólo el 10% de las granjas. De hecho, la mayor parte de los productos frescos de los supermercados se cultivan sin subsidios, y los productores de ganado no están calificados para recibir la mayor parte de los pagos gubernamentales, aunque sí se benefician indirectamente de los subsidios a los granos.[4] De 1999 a 2001, el apoyo a la agricultura en los países desarrollados totalizó $329,600 millones de dólares. La parte de Estados Unidos totalizó $95,500 millones de dólares, mientras que la parte de la Unión Europea sumó $112,700 millones de dólares.[5] En el mismo periodo, el apoyo a la agricultura estadounidense fue más del triple del monto de la asistencia económica y humanitaria exterior de Estados Unidos. El apoyo a la agricultura estadounidense aumentará significativamente en el futuro debido a la aprobación de la ley agrícola de 2002.

Salud y seguridad. De los más de 41 millones de personas no aseguradas en Estados Unidos, una de cada cinco vive en zonas rurales. Son de mayor edad, más pobres y menos saludables que la gente que vive en zonas urbanas.[6] La tasa de fatalidad ocupacional en la agricultura en 2002 fue de 22.7 por cada cien mil personas empleadas, frente a 12.2 en la construcción, 11.3 en el trasporte y 23.5 en la minería.[7]

---

1   National Agriculture Statistics Service (NASS) (2002). 23.
2   Bread for the World, *Agriculture in the Global Economy, Hunger 2003*, pág. 36.
3   U.S. Department of Agriculture, *Food and Agricultural Policy: Taking Stock of the New Century* (septiembre de 2001), apéndice 1, recuadro A-1.
4   Congressional Quarterly, *Farm Subsidies: Do They Favor Large Farming Operations?* 12:19 (17 de mayo de 2002): 436-437.
5   Banco Mundial, *Global Economic Prospects* (2004), pág. 120.
6   The Kaiser Family Foundation, *Kaiser Commission on Key Facts* (abril de 2003).
7   U.S. Department of Labor Statistics, *Census of Fatal Occupational Injuries* (2002).

II. NUESTROS PROPÓSITOS Y PREGUNTAS CLAVE

En estas reflexiones buscamos cuestionar esta falta de conocimiento, que lleva a la indiferencia o al excesivo egoísmo. Nos centramos en la ética de cómo se producen los alimentos y fibras, cómo se protege la tierra y cómo se estructura, compensa y regula la agricultura para servir al "bien común". También llamamos a los católicos a pensar más y actuar, a la luz de nuestra fe, sobre estas importantes, pero a menudo desatendidas, preocupaciones.

En este documento, esbozamos algunas "señales de los tiempos", tomamos principios de la Enseñanza Social Católica y sugerimos elementos de un "programa para la acción". También resaltamos las dimensiones globales de la agricultura de hoy y cómo éstas contribuyen a la creciente brecha entre ricos y pobres, en nuestro país y en el extranjero. Pero más que ninguna otra cosa, buscamos poner *la vida y dignidad de la persona humana* en el centro de las discusiones y decisiones sobre la agricultura.

Ofrecemos estas reflexiones especialmente a tres grupos:

En primer lugar, reconocemos y alentamos a quienes llevan a cabo y contribuyen al trabajo de la agricultura en Estados Unidos y en el extranjero: a los agricultores y trabajadores agrícolas, líderes de las comunidades rurales, y aquellos que las sirven en nuestra Iglesia. Cuando nos referimos a agricultores y trabajadores agrícolas, nuestra preocupación se extiende también a quienes producen nuestros alimentos y fibras, a los rancheros y a otros trabajadores agrícolas. A todos los que consagran sus vidas a la agricultura, les ofrecemos palabras de apoyo y aprecio, y les hacemos la petición de trabajar juntos más cooperativa y constructivamente para el bien común.

En segundo lugar, ofrecemos elementos de un marco moral a los involucrados en las políticas agrícolas: a los líderes políticos, expertos, promotores y activistas. Los instamos a examinar las opciones agrícolas y cómo estas opciones tocan a los más vulnerables dentro de la agricultura, y en la comunidad nacional y global en su conjunto.

En tercer lugar, alentamos a los miembros de la comunidad católica en general a conceder mayor atención y prioridad a la problemática de los alimentos y la agricultura, y sus conexiones con nuestra fe.

Esperamos que estas reflexiones contribuyan a un diálogo más amplio sobre las dimensiones éticas y humanas de las políticas agrícolas. Invitamos a los involucrados y a los afectados por el sistema agrícola global a considerar varias preguntas clave:

- ¿Cómo puede superarse el hambre en la familia humana?
- ¿Cómo podemos garantizar un abastecimiento alimentario seguro, asequible y sostenible?
- ¿Cómo podemos asegurar que los trabajadores agrícolas y propietarios de pequeñas granjas, en Estados Unidos y en todo el mundo, vivan y trabajen con dignidad?
- ¿Cómo pueden la tierra, el agua y otros elementos de la creación de Dios preservarse, protegerse y usarse adecuadamente al servicio del bien común?
- ¿Cómo pueden las comunidades rurales de nuestro país y de todo el mundo sobrevivir y prosperar?

No podemos ignorar estas preguntas o dejar las respuestas sólo a los que estan directamente involucrados en la agricultura. Ellas nos tocan a todos nosotros.

III. "SIGNOS DE LOS TIEMPOS" EN LA AGRICULTURA

Los "signos de los tiempos" en la agricultura son complejos y a veces contradictorios. Desde la última vez que nuestra Conferencia abordó estas preguntas mucho ha seguido igual. La agricultura estadounidense ha demostrado notable productividad y calidad, gracias al trabajo duro, y a las habilidades y sacrificio de los agricultores y trabajadores agrícolas. La agricultura de Estados Unidos ha dado a los estadounidenses y al mundo abundancia de alimentos, fibras y otros productos a precios asequibles. Sin embargo, vivimos en un mundo en que muchos tienen hambre todavía. Vivimos en una nación en que muchas familias agrícolas luchan para mantenerse y en que muchos han perdido sus granjas en las últimas décadas. Vivimos en una sociedad en que a muchos trabajadores agrícolas se les niega todavía la oportunidad de vivir una vida decente.

También estamos enfrentando nuevos desafíos: por ejemplo, la creciente concentración en todos los ámbitos de la agricultura, un creciente enfoque en el comercio agrícola como medida de vitalidad económica, y una creciente globalización que ata nuestras vidas y medios de sustento dondequiera que vivamos. (Véase el recuadro informativo "La agricultura en

Estados Unidos: ¿Qué está pasando con las granjas y los agricultores?" y el recuadro informativo "Agricultura global: ¿Qué está pasando con los hambrientos y los agricultores en todo el mundo?") Cada vez un número menor de personas está tomando importantes decisiones que afectan a mucha más gente que en el pasado. Estas elecciones tienen graves implicaciones morales y consecuencias humanas. Estas tendencias a una creciente concentración a una mayor globalización están impulsando a algunos hacia delante y dejando a otros atrás. También nos están empujando hacia un mundo en que los poderosos pueden aprovecharse de los débiles, en que las grandes instituciones y corporaciones pueden arrasar con las estructuras más pequeñas, y en que la producción y distribución de alimentos y la protección de la tierra descansan en menos manos. (Véase el recuadro informativo "Concentración e integración vertical: ¿Qué está pasando con nuestros alimentos desde el campo hasta el estante?")

Con estas reflexiones, ofrecemos breves resúmenes de tendencias y estadísticas pertinentes. No son un análisis minucioso de las fuerzas que obran en la agricultura. Se centran más en problemas que en progresos, más en costos humanos que en logros económicos, más en quién está siendo dejado atrás que en quién está avanzando hacia delante. Más allá de los números, hay imágenes y contrastes que nos acosan:

- Regresamos a casa del supermercado con sus muchas opciones y prendemos la televisión para mirar a una niña, del otro lado del mundo, escarbar en un basural, buscando algo que comer.
- Sabemos que la agricultura estadounidense está cambiando de muchas maneras, pero los agricultores dependen todavía de si llueve o no, y de otras fuerzas de la naturaleza.
- Se nos insta a comer alimentos que promueven la salud, pero la mayoría de nosotros nunca piensa en la salud y seguridad de los que cosechan estos frutos y verduras. Quedamos pasmados por los titulares cuando dieciocho personas mueren en un camión trailer en Victoria, Texas, o en un desierto, personas que llegaban buscando una vida mejor, esperando trabajar en nuestros campos.
- Nos hemos enterado de que más de la mitad de la mano de obra permanente utilizada en la industria del café ha perdido su empleo, a medida que los precios mundiales del café caían en picada, afectando a decenas de miles de trabajadores y agricultores en toda América Central.
- Celebramos el duro trabajo y sacrificio de innumerables familias agrícolas, y los valores comunitarios tradicionales en las ciudades rurales. Sin embargo, muchos de nosotros no nos damos cuenta de cómo estas virtudes y valores se ven, a veces, amenazados por poderosos intereses económicos y otras fuerzas, que hacen más y más difícil, que las granjas y comunidades más pequeñas sobrevivan y prosperen.
- Escuchamos la triste historia, en una de nuestras sesiones de escucha, de una madre en Zimbabwe que hizo cola durante días para conseguir alimento para sus dos pequeños hijos. Mientras esperaba, observaba a sus dos hijos morir.

IV. NUESTRA TRADICIÓN DE FE

Como somos una comunidad de fe, nuestra respuesta a estas realidades y tendencias en la agricultura está conformada por las verdades de las Escrituras y los principios de la enseñanza social católica, no simplemente por la economía o la política.

Alimentos al por menor. En 1997, los cinco principales minoristas de alimentos retuvieron el 24% del mercado de Estados Unidos; para 2000 dicha porción aumentó al 42% de las ventas de alimentos al por menor.[1]

Ganado. Hoy, las cuatro empresas más grandes de carne de vacuno procesan el 81% de todo el ganado; las cuatro empresas más grandes de carne de cerdo procesan el 59% de los porcinos, y cuatro empresas avícolas, procesan el 50% de todos los pollos.[2]

Granos. Los cuatro procesadores más grandes de trigo tienen el 61% del mercado; los cuatro procesadores más grandes de soya tienen el 80% del mercado.[3]

---

1 Mary Hendrickson, William Heffernan, Philip Howard, y Judith Heffernan, Executive Summary, Report to National Farmers Union, *Consolidation in Food Retailing and Dairy: Implications for Farmers and Consumers in a Global Food System* (8 de enero de 2001).
2 William Heffernan, *Multi-National Concentrated Food Processing and Marketing Systems and the Farm Crisis*, 7. Documento presentado a la American Association for the Advancement of Science, 14-19 de febrero de 2002.
3 *Multi-National Concentrated Food Processing*, pág. 7.

Las Escrituras

Cuando los creyentes pensamos en la agricultura, empezamos con la historia de la Creación. "Dios vio que todo cuanto había hecho era muy bueno" (Gén 1:31). Los que nos proveen de nuestros alimentos están llamados a continuar con el plan de Dios para la creación.

En todas las Escrituras escuchamos hablar de una visión perdurable de "un cielo nuevo y una tierra nueva" (Is 65:17) donde reinará la justicia de Dios (cf. 2 Pe 3:12, Ap 21:1). El Antiguo Testamento nos llama a velar por la tierra y a abastecer a quienes necesitan alimento, especialmente a quienes son pobres y marginados. La tradición del Año Sabático es un ejemplo: "Pero el séptimo año será un sábado, un descanso solemne para la tierra, un sábado en honor de Yavé. No sembrarás tu campo ni podarás tu viña" (Lev 25:4). Dios explica a Moisés que la tierra debe ser usada para proveer de alimento a todos los que lo necesiten: "Lo que produzca naturalmente la tierra durante su descanso, servirá de comida a ti . . . a tu jornalero y al extranjero que vive junto a ti . . ." (Lev 25:6).

Una y otra vez Jesús nos previno contra el egoísmo y la codicia, y nos llamó a alimentar al hambriento y a mostrar especial preocupación por los pobres. En el relato del Juicio Final, Jesús nos recuerda que una de las varas fundamentales para medir nuestras vidas será cómo hayamos velado por los necesitados: "Porque tuve hambre y ustedes me dieron de comer" (Mt 25:35).

La Palabra de Dios da dirección a nuestra vida. La Iglesia ha aplicado estos valores y direcciones en el desarrollo de un cuerpo doctrinal conocido como la enseñanza social católica. Esta enseñanza brinda una útil orientación a nuestras elecciones como individuos y como sociedad, sobre temas tales como la agricultura. Para evaluar el sistema agrícola global a la luz de nuestra fe, debemos comprender los principios centrales de la enseñanza católica.

Enseñanza social católica

El punto de partida esencial de la enseñanza social católica es la dignidad de toda vida humana. Creada por Dios y redimida por Cristo, toda persona posee una dignidad fundamental que proviene de Dios, no de ningún atributo o logro humano. Como la vida de cada persona es un don sagrado de Dios, todas las personas tenemos un derecho a la vida, que debe ser defendida y protegida desde su principio hasta su final. La dignidad de toda persona debe respetarse siempre, porque cada persona es un precioso hijo de Dios. A la luz de nuestro compromiso con el derecho a la vida, de cada persona, creemos que todas las personas tienen también derechos básicos al sostén material y espiritual, incluyendo el derecho al alimento, que son necesarios para sustentar la vida y vivir una existencia verdaderamente humana. Este

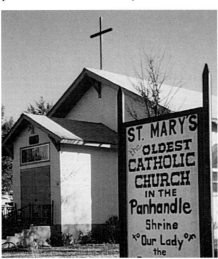

claro compromiso con la dignidad y el valor de toda vida humana debe reflejarse tanto en las elecciones y acciones individuales, como en las políticas y estructuras de la sociedad.

Vinculada a la dignidad de la vida humana está nuestra comprensión de la naturaleza social de la persona. Como nos cuentan los relatos de la Creación, estamos hechos a la imagen de un Dios Trino y estamos creados en relación con Dios y de unos con los otros. Nuestra naturaleza inherentemente social implica que las estructuras de la vida social, política y económica deben reflejar el respeto básico por la dignidad de toda persona humana, así como un compromiso con el bien común. Ello se inicia con un profundo compromiso con la familia como el fundamento de la sociedad. También lleva al principio de la solidaridad, la comprensión de que como hijos de Dios todos somos hermanos y hermanas, sin importar cuán diferentes o distantes podamos parecer. El Libro del Génesis resalta la relación central entre la humanidad y el resto de la creación, la cual merece recibir nuestro cuidado y protección.

Nuestro compromiso con la dignidad de toda persona requiere especial pre-ocupación por quienes son pobres y vulnerables, cuyas necesidades son las más grandes, y cuya vida y dignidad se ven a menudo amenazadas por el hambre, la pobreza y el sufrimiento. Para que la gente viva una vida que represente la dignidad dada a ella por Dios, la enseñanza social católica afirma el derecho y el deber de trabajar, el derecho a la iniciativa económica, los derechos de los trabajadores a condiciones laborales seguras, salarios y beneficios decentes, y el derecho a sindicalizarse y a afiliarse a asociaciones que aseguren estos derechos.

A la luz de estos principios, nuestra Conferencia seguirá abogando por políticas que protejan y alienten la agricultura familiar a una escala humana. También insistimos en que toda la agricultura, sea cual fuera su escala o estructura, debe cumplir criterios morales fundamentales. La agricultura en todas sus formas debe ser evaluada, regulada y recompensada usando estos principios como fundamento.

El breve panorama que hemos ofrecido aquí no hace justicia a la profundidad y riqueza de la tradición social católica. Esperamos que los católicos y los que pertenecen a otras confesiones, examinen el resumen de temas clave de la enseñanza social católica que son parte de este documento, así como los documentos papales, conciliares y episcopales que expresan esta enseñanza en su plenitud.

Una granja o un sistema agrícola que ignora las realidades económicas tendrá problemas financieros. Un sistema o una empresa agrícola que ignora o descuida los principios morales enfrentará problemas éticos. Deseamos reconocer y aplaudir a las numerosas familias de agricultores y otras que viven según estos principios diariamente. Para ellas, la agricultura no es sólo una manera de ganarse el sustento; es una forma de vida. No es sólo un empleo; es una vocación y una expresión de fe.

V. RESPUESTA EN LA FE

Satisfacción de las necesidades pastorales

La Iglesia Católica tiene una presencia pastoral en todo el ámbito rural de Estados Unidos y en las comunidades rurales de todo el planeta. Dentro de nuestra comunidad de fe, los agricultores y trabajadores agrícolas, los propietarios de tierras y productores bajo contrato, los

propietarios de negocios y los trabajadores están llamados a una única mesa de la Eucaristía para alimentarse con el Cuerpo y Sangre de Cristo.

A lo largo de la historia, las parroquias rurales han construido un sentido de comunidad, alimentando la vida espiritual y sacramental de su pueblo, y ofreciendo programas de formación y desarrollo de la fe. Las parroquias rurales y muchas diócesis han patrocinado escuelas, brindado atención sanitaria, apoyado actividades comunitarias y ofrecido servicios esenciales a personas necesitadas. A medida que las poblaciones rurales disminuyen y los recursos disponibles en las comunidades rurales decrecen, el rol de la Iglesia y de los que la sirven se vuelve aún más importante.

Los párrocos, diáconos, religiosos y otros trabajadores pastorales son a menudo las primeras personas a quienes acuden las familias agrícolas y ganaderas cuando experimentan tensión a causa de fuerzas económicas y sociales que están más allá de su control. Los párrocos y trabajadores pastorales rurales sirven, consuelan y acompañan a su pueblo, construyen y forman un sentido de comunidad y velan por los necesitados frente a tantos desafíos. Algunos sacerdotes recorren grandes distancias para satisfacer las necesidades sacramentales. Los clérigos diocesanos, las religiosas y religiosos y los voluntarios viajan también regularmente a las comunidades rurales y a los campos de labor agrícola para brindar oportunidades de formación de adultos en la fe, preparar a los creyentes para que reciban los sacramentos y unirse en la celebración de la Eucaristía. A menudo sirven como consejeros y defensores, respondiendo a los conflictos causados por la separación familiar, los temores sobre la condición inmigratoria y la explotación.

En todo el mundo, la Iglesia Católica presta una asistencia esencial de socorro y desarrollo en las comunidades rurales que son hogar de algunas de las personas más pobres de la tierra. Los programas católicos prestan asistencia de emergencia en tiempos de crisis y apoyan una amplia variedad de proyectos humanos, económicos y de desarrollo agrícola permanentes.

Deseamos expresar nuestra profunda gratitud por el duro trabajo y dedicación de quienes sirven en parroquias y diócesis rurales en Estados Unidos y en todo el mundo. Ellos son apoyados por el trabajo de muchos programas diocesanos y organizaciones nacionales.[2] Esperamos que esta declaración sea una fuente de afirmación, apoyo y aliento para que continúen con su servicio esencial a la Iglesia y las comunidades rurales.

Criterios para una política e incidencia agrícola

Además de satisfacer las necesidades pastorales, la comunidad católica tiene la responsabilidad de plantear las dimensiones éticas de las cuestiones que conforman la vida rural y la política agrícola. Como afirma una declaración del Vaticano sobre la vida pública: la Iglesia tiene "el derecho y el deber de pronunciar juicios morales sobre realidades temporales"[3] y de "instruir e iluminar la conciencia de los fieles, sobre todo de los que están comprometidos en la vida política, para que su acción esté siempre al servicio de la promoción integral de la persona y del bien común".[4]

Como obispos, continuaremos compartiendo la enseñanza social católica, aplicándola a las dimensiones éticas y humanas de la problemática agrícola, y aportando nuestros valores a la toma de decisiones sobre la agricultura. Esperamos que los católicos, en todo nuestro país, en zonas urbanas, suburbanas y rurales, se unan al esfuerzo por promover un sistema alimentario y agrícola más enfocado en superar el hambre, proveer de un medio de sustento decente a los agricultores y trabajadores agrícolas, y proteger la tierra y sus recursos. Inspirados en la enseñanza social católica y la experiencia de la Iglesia en las comunidades rurales, ofrecemos los criterios que deben guiar la política agrícola.

Escala. En 1999, el ingreso neto agrícola en efectivo fue de 55,700 millones de dólares, mientras que otras fuentes de ingreso contribuyeron con 124 millones de dólares al ingreso total de las familias agrícolas.[1] La mayoría de los condados rurales no dependen de la agricultura para sus economías; en promedio, siete de cada ocho condados rurales derivan sus ingresos de una combinación de agricultura, manufactura, servicios y otras actividades.[2]

Pobreza rural. La pobreza en las zonas rurales ha sido una constante en los últimos 40 años, con tasas del 20% o más en la zona rural del Sur, la región de los Apalaches, las Ozarks, el Delta del Mississippi y el Valle del Río Grande.[3] Las tasas de pobreza en la mayoría de los condados de base agrícola en seis de los principales estados de producción agrícola (Dakota del Norte, Dakota del Sur, Iowa, Kansas, Minnesota y Nebraska) son mayores que en los condados metropolitanos de dichos estados; las tasas en los condados de base agrícola más pequeños son un 60% más altas.[4]

Cultura. Los estudios de los últimos 50 años muestran una correlación entre una creciente concentración en la agricultura y la pérdida de negocios y de la sociedad cívica en las ciudades rurales. Un menor número de granjas y ranchos significa menos servicios de apoyo agrícola y negocios relacionados con las granjas, pues las granjas más grandes y de trabajo más intensivo pueden tratar directamente con la *industria agropecuaria* nacional o global. Una menor cantidad de familias agrícolas significa menos niños en las escuelas rurales, menos servicios comunitarios y menos iglesias; la edad promedio de un agricultor se estima en unos 55 años.[5]

1   U.S. Department of Agriculture, *Food and Agricultural Policy: Taking Stock of the New Century* (septiembre de 2001), pág. 4.
2   *Food and Agricultural Policy*, pág. 12.
3   *Food and Agricultural Policy*, pág. 90.
4   Jon M. Bailey & Kim Preston, para el Center for Rural Affairs, *Swept Away: Chronic Hardship and Fresh Promise on the Rural Great Plains* (junio de 2003), pág. 1.
5   U.S. Department of Agriculture, 1997 Census of Agriculture, recuadro 1.

Superar el hambre y la pobreza. La presencia de tanta hambre y pobreza en nuestras comunidades, nuestra nación y el mundo entero es un grave escándalo moral. Las metas principales de las políticas agrícolas deben ser proporcionar alimento a todas las personas y reducir la pobreza entre los agricultores y trabajadores agrícolas de este país y el extranjero. Un criterio clave para evaluar todo programa e iniciativa legislativa agrícola es si ayuda a los agricultores y trabajadores agrícolas más vulnerables y a sus familias, y si contribuye a un sistema alimentario global que proporciona nutrición básica para todos.

Proporcionar un abastecimiento alimentario seguro, asequible y sostenible. Los sistemas agrícolas de Estados Unidos han tenido notable éxito en abastecer de alimentos suficientes, seguros y asequibles a los consumidores. Estas virtudes deben dirigirse a servir mejor las necesidades e intereses de las personas hambrientas y pobres en Estados Unidos y el extranjero. El cuidado de la tierra y de los recursos acuíferos se ha vuelto un foco de atención cada vez más importante dentro de la agricultura estadounidense. Los agricultores deben expandir el uso de métodos ambientalmente sostenibles de modo que la tierra cultivable de Estados Unidos pueda abastecer de alimentos a las generaciones venideras. Nos preocupa que, como sociedad, sigamos perdiendo tierra de labranza productiva para dar paso a la urbanización, a medida que las comunidades y el transporte se extienden. En otras partes del mundo, los sistemas agrícolas y de abastecimiento alimentario también deben ser fortalecidos. Un importante criterio para evaluar el comercio internacional y las políticas agrícolas debe ser cómo éstos promueven alimentos seguros y asequibles, y cómo promueven prácticas agrícolas sostenibles y ambientalmente sólidas.

Asegurar una vida decente a agricultores y trabajadores agrícolas. Los alimentos pueden seguir siendo seguros y asequibles sin sacrificar el ingreso, la salud o la vida de los agricultores y trabajadores agrícolas. La enseñanza social católica insiste en que todos los trabajadores merecen salarios y beneficios suficientes para mantener una familia y vivir una vida decente. Los agricultores deben poder mantenerse a sí mismos y a sus familias mediante su trabajo, y cubrir necesidades importantes como la atención sanitaria y la jubilación. Los agricultores y sus empleados reciben cada vez menos de cada dólar gastado en alimentos. Ésta es una cuestión de justicia que debe ser abordada.[5] Las políticas agrícolas deben tomar en consideración los riesgos asociados con la agricultura que están más allá del control del agricultor, tales como el tiempo y los cambios en los mercados globales. Las políticas comerciales deben reflejar mejor el derecho a la oportunidad económica de todos los agricultores, dondequiera que vivan. Las políticas agrícolas deben ayudar a garantizar la seguridad de los ingresos básicos y brindar oportunidades de iniciativa económica a los agricultores de Estados Unidos y de todo el mundo, con especial atención en los pequeños productores.

De igual modo, las políticas públicas deben abordar las necesidades de los trabajadores agrícolas. Un criterio clave para evaluar las políticas agrícolas, inmigratorias y laborales es si éstas reflejan el respeto fundamental por la dignidad, los derechos y la seguridad de los trabajadores agrícolas, y si ayudan a los trabajadores agrícolas a proporcionar una vida decente a sí mismos y a sus familias. (Véase el recuadro informativo "Trabajadores agrícolas: ¿Qué está pasando con los que cosechan y procesan nuestros alimentos?")

Sostener y fortalecer las comunidades rurales. En las zonas rurales de Estados Unidos y en todo el mundo, las ciudades pequeñas y las aldeas son la columna vertebral de la vida social y económica. A medida que las poblaciones rurales declinan y las economías rurales sufren, las estructuras básicas de la vida rural se ponen en riesgo. Las políticas públicas deben alentar una amplia variedad de estrategias de desarrollo económico en las zonas rurales. Deben seguir promoviendo y apoyando la agricultura, especialmente las granjas familiares, como una estrategia para el desarrollo rural. De igual modo, las prácticas y políticas de las instituciones católicas sobre el alquiler y la propiedad de la tierra cultivable deben ser coherentes con nuestros principios, especialmente en el área de alentar a los jóvenes a dedicarse a la agricultura. Un criterio clave para evaluar las políticas agrícolas y de desarrollo es si éstas alientan una amplia diversidad en la propiedad agrícola y si fomentan el desarrollo rural en este país y en el extranjero, promoviendo y manteniendo la cultura y los valores de las comunidades rurales. (Véase recuadro informativo "Estados Unidos rural: ¿Qué está pasando con la cultura y las comunidades rurales?")

Proteger la creación de Dios. El cuidado de la creación de Dios es un llamamiento central a los creyentes. Las políticas agrícolas y alimentarias deben recompensar prácticas que protejan la vida humana, alienten la conservación del suelo, mejoren la calidad del agua, protejan la vida silvestre y mantengan la diversidad del ecosistema. Un criterio esencial para evaluar las políticas agrícolas y alimentarias es si éstas protegen el medio ambiente y su diversidad, y si promueven prácticas agrícolas sostenibles en Estados Unidos y el extranjero. (Véase recuadro informativo "Agricultura y medio ambiente: ¿Qué está pasando con la tierra y el agua?")

Expandir la participación. Para conseguir un sistema agrícola coherente con estos criterios, debe alentarse una amplia participación y diálogo en el desarrollo de las políticas agrícolas. Se desarrollarán políticas verdaderamente eficaces cuando las personas más afectadas tengan adecuada información, tiempo y oportunidades para hacer contribuciones reales a la legislación, reglamentos, programas y acuerdos comerciales.

Estos seis criterios proporcionan un marco para evaluar las políticas relacionadas con la agricultura a la luz de la enseñanza social católica y las exigencias del bien común. No son exhaustivos, ni sugieren posiciones predecibles sobre problemáticas importantes. Esperamos que alienten un serio y reflexivo debate y diálogo sobre la política agrícola de Estados Unidos, el sistema agrícola global y el impacto que ambos tienen sobre la dignidad humana. Como nuestra contribución a esta discusión, ofrecemos un "Programa para la Acción" que busca aplicar estos criterios a políticas agrícolas clave.

Los miembros de la comunidad católica pueden discrepar en cuanto a la aplicación específica de estos criterios. Nos acercamos a estas problemáticas desde perspectivas muy diferentes: como agricultores y trabajadores agrícolas, propietarios de la tierra y productores bajo contrato, operadores de negocios y trabajadores, productores, procesadores y consumidores. Pero como católicos compartimos una preocupación fundamental por la vida y dignidad humana, y un compromiso básico con el bien común. Como obispos, invitamos a los católicos y a miembros de otros credos a usar estos criterios para explorar, discutir y hacer incidencia a favor de políticas agrícolas que protejan la vida y dignidad humana, y fomenten el bienestar de toda la creación de Dios.

VI. HACIA EL COMPROMISO, LA ESPERANZA Y EL DESAFÍO

Compromiso continuo

Como resultado de las sesiones de escucha y diálogos que llevaron a estas reflexiones, llamamos a los comités permanentes de nuestra Conferencia (a los Comités de Política Interna, Política Internacional y Migración) a continuar educando a la comunidad católica, a los formuladores de políticas y a la sociedad en general sobre las dimensiones éticas de la agricultura, y a seguir impulsando nuestras recomendaciones y políticas con renovada urgencia y prioridad. La amplia gama de preocupaciones planteadas en nuestras sesiones de escucha exige que la Conferencia continúe integrando las problemáticas de la agricultura en los programas de sus diversos comités y estructuras. Creemos que esta estrategia de integración y colaboración asegurará un enfoque sostenido, amplio y necesario del cuidado pastoral, el desarrollo de políticas y el trabajo de incidencia en las problemáticas de la alimentación, la agricultura, el comercio y la asistencia internacional.

Una palabra de esperanza

Fundamentalmente, los alimentos y la agricultura están relacionados con la vida: vida para los hambrientos y para todos los que dependemos de los agricultores y trabajadores agrícolas para lo que comemos cada día. Pero también se relacionan con la vida de los trabajadores agrícolas, que arriesgan su salud recogiendo nuestros alimentos, a veces sin saber qué pesticidas hay en el campo. Se relacionan con la vida de los agricultores de subsistencia en África, que tratan de alimentar a su familia y ganarse magramente el sustento. Tienen que ver con una forma de vida de las familias agrícolas en Estados Unidos, que no pueden cumplir con sus deudas y enfrentan la venta de una granja que ha estado en la familia durante generaciones. Estas reflexiones nos llaman a todos a hacer de la protección de la vida y la dignidad el fundamento de nuestras decisiones en la agricultura.

Sabemos que éstos no son tiempos fáciles, pero como creyentes tenemos esperanza en los días por venir:

- Tenemos la capacidad de superar el hambre en nuestra nación y en el mundo entero. ¡Qué logro que sería!
- Nos ponemos del lado de los agricultores, particularmente de quienes poseen granjas pequeñas y familiares aquí y en el extranjero, en su lucha por vivir con dignidad, preservar una forma de vida y fortalecer las comunidades rurales.
- Insistimos en que los trabajadores agrícolas sean tratados con dignidad: salarios decentes, condiciones laborales seguras y una voz real en el lugar de trabajo.
- Abogamos por el cuidado de la creación para proteger los campos y cursos de agua, que son dones de Dios.
- Encontramos en nuestra fe —en las lecciones del Génesis, la pasión de los profetas, y las palabras y vida de Jesús— la fuente máxima de la esperanza.

El desafío futuro

Desde una perspectiva de la fe, estas tareas no son opciones, sino obligaciones. La comunidad católica está descubriendo con nueva urgencia que

nuestra fe nos llama a fortalecer nuestra presencia y testimonio, nuestro trabajo de incidencia y nuestra acción en defensa de la vida y dignidad de la gente hambrienta, de los agricultores y trabajadores agrícolas, y de la creación de Dios.

Nuestra Conferencia ha llamado a todos los católicos a trabajar para asegurar *Un Lugar en la Mesa*[6] para todos los hijos de Dios. La agricultura está en el centro de este desafío moral. Como hemos señalado:

- Una mesa es el lugar donde las familias se reúnen para tomar sus alimentos, pero algunos tienen poco alimento o ninguna mesa en absoluto.
- Una mesa es el lugar donde los líderes se reúnen en negociaciones gubernamentales e internacionales, y en otros foros, para tomar decisiones sobre el comercio y la asistencia, los subsidios y el acceso. Pero algunos no tienen ninguna voz real en estas mesas.
- Para los católicos, la mesa es el altar en que nos reunimos para que la Eucaristía transforme "el fruto del vino y el trabajo de las manos humanas" en el Cuerpo y Sangre de Cristo. Es también la mesa desde la cual somos enviados para asegurar "un lugar en la mesa" para todos.

No podemos asegurar un lugar en la mesa para todos sin un sistema agrícola más justo. Algunos pequeños agricultores están perdiendo su lugar en la mesa. Algunos trabajadores agrícolas nunca tuvieron ese lugar. Y numerosas personas en nuestro propio país y en el mundo entero, que buscan alimentar a sus hijos, no tienen ningún lugar real en esa mesa. La vara moral para medir nuestros esfuerzos es cómo nuestra comunidad de fe trabaja en forma conjunta, para asegurar un lugar en la mesa de la vida a todos los hijos de Dios.

LA ENSEÑANZA SOCIAL CATÓLICA Y LA AGRICULTURA

La enseñanza social católica ofrece importantes valores y principios para evaluar las políticas y los programas relacionados con la agricultura. Los siguientes breves resúmenes de temas clave de la enseñanza social católica no son exhaustivos. Ofrecen un panorama de los principios que han moldeado nuestras actuales reflexiones sobre las políticas agrícolas. Instamos al lector a familiarizarse con los documentos originales que han desarrollado y expresado el pensamiento social católico en el curso del tiempo.[7]

I. Proteger la vida y dignidad humana —El derecho a los alimentos

La Iglesia Católica proclama la verdad central de que toda persona humana es sagrada. Creada a imagen y semejanza de Dios y redimida por la muerte y resurrección de Cristo, toda persona tiene una dignidad humana fundamental que proviene de Dios, no de ningún atributo o logro humano.

Toda persona tiene el derecho a la vida y al apoyo material y espiritual requerido para vivir una existencia verdaderamente humana. El derecho a una vida verdaderamente humana lleva lógicamente al derecho a alimentos suficientes para sostener una vida con dignidad. La pobreza y el hambre que menoscaban la vida de millones en nuestra propia tierra y en tantos otros países son amenazas fundamentales para la vida y dignidad humana y exigen una respuesta de los creyentes.

II. Naturaleza social de la persona —El llamado a la familia, a la comunidad y a la participación

La persona humana no es sólo sagrada sino también social. Cada persona vive y se desarrolla en comunidad. Nuestra naturaleza inherentemente social hace de la busca del "bien común" una meta y un criterio importante para evaluar la sociedad. La manera en que organizamos la sociedad económica y políticamente, incluyendo la manera en que se estructura nuestro sistema agrícola, tiene un impacto en la dignidad humana. En nuestra tradición, la justicia tiene tres dimensiones clave: conmutativa, distributiva y social. La *justicia conmutativa* exige equidad en todas las relaciones e intercambios. Pero esto debe entenderse en el contexto tanto de la *justicia distributiva*, que exige que los beneficios de la vida social, económica y política lleguen a todas las personas, incluyendo a los marginados de la sociedad, como de la *justicia social*, que insiste en que todas las personas tengan oportunidades de participación y desarrollo humano auténtico. Las tres dimensiones de la justicia deben moldear las decisiones sobre el sistema agrícola global.

El enfoque de la enseñanza católica en la justicia y la naturaleza social de la persona pone el énfasis en la familia, la comunidad, la solidaridad y la cooperación, y en la necesidad de que la gente participe efectivamente en las decisiones que afectan su vida. Las comunidades y culturas rurales, con su enfoque en la vida familiar, en la comunidad y en los lazos estrechos con la tierra, sirven como gratos signos de estas dimensiones sociales de la enseñanza católica.

III. Opción por y con los pobres y vulnerables

Aunque la enseñanza católica nos llama a buscar el bien común de la familia humana entera, las Escrituras y nuestra tradición católica nos llaman también a una preocupación prioritaria por los pobres y vulnerables. Como los profetas del Antiguo Testamento, Jesús nos llama a velar por los desamparados y los marginados de la sociedad. Para nosotros, los niños hambrientos, los trabajadores agrícolas y los agricultores en apuros no son cuestiones abstractas. Son hermanas y hermanos con su propia dignidad dada por Dios. En palabras de la Beata Teresa de Calcuta, ellos son también "Jesús disfrazado".

Nuestro cuidado y preocupación se extiende de manera especial a quienes trabajan en la agricultura aquí y en el extranjero. Aunque a algunos les va bien, otros son vulnerables o luchan por mantenerse y son pobres. Los que cultivan la tierra, trabajan en los campos o en ranchos y procesan nuestros alimentos deben tener salarios decentes y una vida decente. Las prácticas comerciales agrícolas con los países más pobres deben ser equitativas y deben buscar proteger la dignidad de los agricultores de dichos países. Un criterio moral importante para evaluar el sistema agrícola global es cómo son tratados sus participantes más débiles.

IV. La dignidad del trabajo y los derechos y deberes de los trabajadores y propietarios

Creemos que la economía, incluyendo la economía agrícola, debe servir a la gente, no a la inversa. El trabajo es más que una manera de ganarse el sustento. La enseñanza católica sobre la dignidad del trabajo nos llama a dedicarnos a un trabajo productivo y apoya el derecho a salarios decentes y equitativos, a la atención sanitaria y el tiempo libre. Los trabajadores tienen el derecho a organizarse para proteger estos derechos, a escoger afiliarse a un sindicato y tener voz en el lugar de trabajo. Los empleadores están obligados a tratar a sus trabajadores con dignidad, proporcionando salarios decentes, condiciones laborales seguras y condiciones de vida humanas.

Nuestra tradición apoya también la libertad económica responsable, la iniciativa y la creatividad al servicio del bien común. La Iglesia defiende desde hace tiempo el derecho a la posesión privada de la propiedad productiva. La propiedad difundida es un bien social que debe ser promovido y protegido. Debemos ayudar a las familias a mantener sus granjas y ayudar a otros a empezar actividades agrícolas. Nuestra tradición social católica habla también de una "hipoteca social" sobre la propiedad, un concepto que llama a la custodia responsable por el bien general de la sociedad y de la creación.

V. Solidaridad

La solidaridad es tanto un principio de la enseñanza social católica como una virtud que practicar. Vivimos en un mundo que se está encogiendo. Las enfermedades, las fuerzas económicas, el capital y el trabajo cruzan fronteras nacionales; así debe hacerlo nuestro interés por todos los hijos de Dios. Somos parte de una sola familia humana, dondequiera que vivamos. Las hambrunas y el hambre generalizado nos acusan en nuestra calidad de creyentes. Puede ser tentador alejarnos del mundo y de sus muchos desafíos. Sin embargo, el Evangelio y nuestra herencia católica apuntan a otro lado, un lado que ve a los demás como hermanas y hermanos, sin importar cuán diferentes sean o cuán lejanos estén. La agricultura hoy es una realidad global en un mundo que no es sólo un mercado. Es el hogar de la familia humana.

Nuestra interdependencia, expresada por el principio de la solidaridad, nos lleva a apoyar el desarrollo de organizaciones e instituciones en los planos local, nacional e internacional. La solidaridad se complementa con el concepto de subsidiaridad, que nos recuerda las limitaciones y responsabilidades de estas organizaciones e instituciones. La subsidiaridad defiende la libertad de iniciativa de todo miembro de la sociedad y afirma el rol esencial de estas diversas estructuras. En palabras de Juan Pablo II, la subsidiaridad asevera que "una estructura social de orden superior no debe interferir en la vida interna de un grupo social de orden inferior, privándola de sus competencias, sino que más bien debe sostenerla en caso de necesidad y ayudarla a coordinar su acción con la de los demás componentes sociales, con miras al bien común".[8] En el caso de la agricultura, la solidaridad y la subsidiaridad nos llevan a apoyar y promover granjas más pequeñas y de administración familiar que no sólo produzcan alimentos, sino que también provean de un medio de sustento a las familias y formen el fundamento de las comunidades rurales.

VI. Respeto por la creación

Toda la creación es un don. Las Escrituras nos dicen que "del Señor es la tierra y lo que contiene" (Sal 24:1). Todos nosotros, especialmente los más cercanos a la tierra, estamos llamados a mostrar especial reverencia y respeto por la creación de Dios. Nutrir y labrar el suelo, aprovechar el poder del agua para cultivar alimentos y cuidar de los animales son formas de esta custodia. La Iglesia ha enseñado repetidamente que el mal uso de la creación de Dios traiciona el don que Dios nos ha dado para el bien de la familia humana entera. Aunque las comunidades rurales dependen de manera singular de la tierra, el agua y el clima, la custodia es responsabilidad de nuestra sociedad en su conjunto.

Un Programa Católico Para La Acción: En Busca De Un Sistema Agrícola Más Justo

La comunidad católica trae a nuestra consideración de las políticas agrícolas, la enseñanza de nuestra Iglesia y la experiencia cotidiana de nuestra comunidad de fe en las comunidades rurales de Estados Unidos y el extranjero. A la luz de esta enseñanza y experiencia, reiteramos los criterios que moldean nuestro trabajo de incidencia en políticas:

- ¿Ayudan estas políticas a superar el hambre y la pobreza?
- ¿Proporcionan un abastecimiento alimentario seguro, asequible y sostenible?
- ¿Aseguran una vida justa y decente a los agricultores y trabajadores agrícolas?
- ¿Sostienen y fortalecen las comunidades rurales?
- ¿Protegen la creación de Dios?
- ¿Tienen los afectados por las políticas agrícolas una oportunidad real de participar en su desarrollo?

Nuestros criterios nos llevan a centrar la atención en varias áreas clave de las políticas. Nos damos cuenta de que tomar posiciones en estas cuestiones implica juicios prudentes y que las personas de buena voluntad pueden disentir en la aplicación de los principios católicos a políticas específicas. Esperamos que nuestras reflexiones alienten una amplia discusión y diálogo sobre las problemáticas relacionadas con la agricultura y su impacto en la vida humana, la dignidad humana y el bien común.

I. LOS AGRICULTORES Y LAS POLÍTICAS AGRÍCOLAS EN ESTADOS UNIDOS

La enseñanza católica sobre la dignidad del trabajo insiste en que los agricultores deben poder mantenerse a sí mismos y a sus familias por medio de su trabajo. Esto significa que deben poder sobrevivir a fluctuaciones en el mercado y a los riesgos asociados con la producción. Reconocemos el gran dolor y tensión experimentados cuando una familia pierde su granja, como les ha sucedido a tantas familias en los últimos años. Su pérdida es nuestra pérdida.

Quienes viven y trabajan en zonas rurales, especialmente quienes tienen los menores recursos, dependen de las pequeñas ciudades para hacer posibles las transacciones de la vida cotidiana sin el gasto e inconvenientes de recorrer grandes distancias. Para que algunas comunidades rurales sobrevivan económicamente, debe haber suficientes familias agrícolas en la zona circundante para mantener a los negocios locales. El sufrimiento que acompaña la pérdida de granjas corre paralelo al dolor producido por los negocios perdidos y a la lucha de las ciudades pequeñas por sobrevivir, cuando la concentración del sector agrícola conduce a una reducción progresiva de granjas de tamaño pequeño y moderado. Nos preocupa que la continua concentración de la propiedad de la tierra y de los recursos, así como también del mercadeo y de la distribución de los alimentos deje el control en las manos de demasiado pocos y disminuya la participación efectiva.

Se necesitan políticas y programas que alienten el desarrollo rural, promoviendo y manteniendo la cultura y los valores de las comunidades rurales. Esto debe incluir políticas que alienten una amplia gama de estrategias de desarrollo económico, especialmente fomentando el espíritu empresarial de la población rural e invirtiendo en su educación y adiestramiento. También debe incluir políticas que promuevan y apoyen la agricultura, respalden los esfuerzos de los agricultores por establecer cooperativas y otros emprendimientos similares, y alienten una amplia diversidad en la propiedad agrícola. Los limitados recursos gubernamentales para subsidios y otras formas de apoyo deben focalizarse en las granjas de tamaño pequeño y moderado, especialmente en las granjas propiedad de minorías, para ayudarlas a atravesar tiempos difíciles causados por cambios en los mercados agrícolas globales o patrones climáticos que destruyen los cultivos. Los subsidios agrícolas suelen ir a unos cuantos grandes productores, mientras que las granjas familiares, más pequeñas, luchan por sobrevivir. En vez de simplemente recompensar la producción, lo cual puede llevar a excedentes y a la caída de precios, los recursos gubernamentales deben recompensar las prácticas agrícolas ambientalmente sólidas y sostenibles. Debido al aumento de los precios de la tierra, el costo de equipos sofisticados y la dificultad de ganarse el sustento, también se necesitan recursos gubernamentales para ayudar a nuevos agricultores y rancheros a entrar en el campo de la agricultura.

Deben dedicarse recursos a trabajos de investigación que ayuden a las granjas más pequeñas a permanecer viables y que promuevan una agricultura ambientalmente sólida. Son esenciales aquellos programas que brinden seguros de protección asequibles, para que las familias agrícolas puedan

Escala. Estados Unidos representa aproximadamente el 66% de todos los cultivos genéticamente modificados del mundo. En 2001, el 66% del algodón y de la soya plantados en Estados Unidos y el 25% del maíz eran genéticamente modificados.[1]

Mercado. Las diez mayores empresas agroquímicas representaron el 82% de las ventas en 1996; seis empresas agroquímicas son las principales productoras de productos químicos agrícolas hoy en día.[2]

---

1 P. G. Pardey and N.M. Beintema, para el International Food Policy Research Institute (IFPRI), Food Policy Report, *Slow Magic: Agricultural R&D: A Century After Mendel* (octubre de 2001), pág. 19.
2 Andrew Burchette, para Farm Journal, *Family Tree* (febrero de 2002).

empezar otra vez si los cultivos se malogran. En los sectores mayoristas y minoristas del sistema de abastecimiento alimentario, favorecemos políticas que promuevan una mayor competencia, de modo que los agricultores puedan recibir un precio equitativo por sus productos.

II. LOS TRABAJADORES AGRÍCOLAS EN ESTADOS UNIDOS

Los trabajadores agrícolas están entre las prioridades más visibles de nuestra Conferencia. Renovamos el compromiso de elevar su situación y trabajar para mejorar sus vidas y las de sus familias. Ellos están entre las personas más vulnerables y explotadas de nuestro país. Su situación exige una respuesta de la gente de fe.

Los trabajadores agrícolas ganan salarios bajos. La naturaleza estacional de su trabajo y lo inadecuado del salario mínimo mantiene a la mayoría viviendo en la pobreza. Afirmamos nuestro apoyo a un aumento del salario mínimo para todos los trabajadores. Además, debe aumentarse el pago por hora de los trabajadores agrícolas, y debe contarse con mecanismos legales que aseguren que reciban una remuneración y beneficios justos. Estos trabajadores agrícolas, que trabajan largas horas durante un periodo estacional, deben recibir pago por horas extras como una medida de justicia. Los métodos de pago, tales como el "pago por pieza", no deben usarse con el fin de evitar que los trabajadores ganen un salario justo.

Un salario de subsistencia para los trabajadores agrícolas podría ayudar a sus familias a vivir una vida justa y decente, contribuir a estabilizar la fuerza laboral y estimular comunidades rurales sin impactar significativamente en los precios de los alimentos interna e internacionalmente. Puesto que ellos no cuentan generalmente con la mayoría de los beneficios como parte de un paquete de empleo, deben modificarse las leyes federales, estatales y locales para asegurar que todos los trabajadores tengan derecho a una atención sanitaria, seguro de desempleo, compensación laboral y Seguridad Social. Además, los bajos salarios de los trabajadores agrícolas y la escasez de viviendas asequibles en las zonas rurales hacen esencial que se aumente el financiamiento para las viviendas.

Para participar plenamente en la comunidad donde residen y trabajan, los agricultores y sus familias necesitan acceso a los servicios y movilidad en dichas comunidades. Nos sentimos alentados por la promulgación de leyes en varios estados, apoyadas por muchas conferencias católicas estatales, que darían a los inmigrantes indocumentados acceso a matrículas reducidas en universidades estatales, y licencias de conducir.

El trabajo agrícola incluye algunas de las tareas más peligrosas en Estados Unidos, en las que los trabajadores están expuestos a duras condiciones laborales, a pesticidas y otros productos químicos, y a largas horas de trabajo intensivo. Las protecciones laborales actualmente son inadecuadas; para las protecciones que sí existen en la ley, las acciones de cumplimiento son fortuitas e ineficaces. Las protecciones laborales para los trabajadores agrícolas deben estar garantizadas en la ley, en coherencia con las protecciones para otros trabajadores en el país. También debe modificarse la ley para permitir que los trabajadores demanden en los tribunales civiles a los empleadores que no proporcionen condiciones laborales higiénicas y seguras, que violen las leyes referidas a salarios y horas, o que usen pesticidas peligrosos. Las condiciones laborales deben ser coherentes con las normas federales correspondientes. Los trabajadores agrícolas deben disfrutar de las mismas protecciones que otros trabajadores estadounidenses, incluyendo el derecho a unirse para tener voz en el lugar de trabajo y a negociar con sus empleadores.

En algunos casos, los empleadores agrícolas usan contratistas para que éstos contraten a los trabajadores, protegiéndose así de toda responsabilidad por condiciones laborales peligrosas e injustas. La aplicación de la Ley de Normas Laborales Equitativas (Fair Labor Standards Act, FLSA) y la Ley de Protección de los Trabajadores Agrícolas Migrantes y Estacionales (Migrant and Seasonal Agricultural Workers' Protection Act, AWPA) debe ser fortalecida para asegurar que tanto los empleadores como los contratistas de mano de obra sean hechos responsables por el tratamiento a los trabajadores. Las naciones no deben buscar una ventaja comercial maltratando a la población trabajadora, incluyendo a los trabajadores agrícolas.

Renovamos nuestro llamado a un programa integral de legalización, que permitiría que esforzados trabajadores indocumentados en las industrias agrícolas, cambiaran su condición legal a la de residencia legal permanente. Un programa de legalización ayudaría a estabilizar la fuerza laboral, a proteger a los trabajadores migrantes y sus familias de la discriminación y explotación, y asegurar

Escala. Aproximadamente 1.8 millones de trabajadores agrícolas viven en Estados Unidos, de los cuales el 80% ha nacido en el extranjero y más del 50% está indocumentado.[1] El porcentaje de trabajadores agrícolas nacidos en el extranjero ha crecido de un 60% a un 80% de la fuerza laboral en los últimos 20 años; la mayoría son mexicanos.

Condiciones. En promedio, las tasas salariales reales de los trabajadores agrícolas han declinado casi un 20% en los últimos diez años, ocasionando una tasa de pobreza de aproximadamente el 60%.

---

1   Department of Labor, Findings from the National Agricultural Workers Survey, *A Demographic and Employment Profile of the United States Farmworkers* (marzo de 2000), 5.

que estos trabajadores pudieran seguir haciendo contribuciones a la sociedad. También les daría la oportunidad de disfrutar del beneficio de las leyes y protecciones laborales y de hacer valer mejor sus derechos laborales. Respaldaremos un programa de legalización que incluya un eventual empleo como requisito para obtener la residencia permanente, siempre y cuando los requisitos para el trabajo sean realizables y verificables para todos los trabajadores calificados.

Hemos sido escépticos en cuanto a los programas de "trabajadores invitados" a gran escala, tal como el programa de los Braceros, que han llevado al abuso y explotación de los trabajadores. Reconocemos que, como alternativa a la generalizada migración de personas indocumentadas, debe establecerse un camino legal justo y equitativo que proteja los derechos laborales básicos de los trabajadores nacidos en el extranjero. Un programa de trabajadores temporales debe garantizar niveles salariales y beneficios suficientes para mantener una familia, incluir protecciones laborales y la portabilidad del empleo y de los beneficios que tienen otros trabajadores estadounidenses, y permitir la unidad familiar. Debe también proteger a los trabajadores internos de la pérdida de sus empleos, y conceder a los trabajadores la capacidad de desplazarse con facilidad y seguridad entre Estados Unidos y su país de origen. Esta clase de programa requiere fuertes mecanismos legales, que protejan los derechos de los trabajadores y les den la opción de convertirse en residentes legales permanentes, después de un periodo de tiempo específico. Un programa de legalización integral y un programa de trabajadores temporales o migrantes que proteja a los trabajadores y les dé una vía hacia la residencia ayudaría a reducir el número de trabajadores agrícolas indocumentados y aseguraría que fueran tratados con respeto y dignidad. La legalización de los trabajadores actuales y futuros ayudaría también a reducir la incidencia del contrabando y las muertes de trabajadores migrantes. Observamos con agrado los esfuerzos permanentes de representantes de trabajadores y empleadores agrícolas para buscar terreno común en estas cuestiones y elaborar propuestas legislativas que tengan un impacto positivo en la vida de los trabajadores agrícolas y sus familias. Desde hace décadas alentamos alternativas practicables al injusto statu quo, que perjudica a grupos y a la vez nos menoscaba como nación. Seguimos oponiéndonos a cualquier programa que carezca de protecciones adecuadas, efectivas y ejecutables para los trabajadores, y que no les dé la oportunidad de residencia permanente y la opción a la ciudadanía, si así lo escogen.

III. COMERCIO INTERNACIONAL, ASISTENCIA Y DESARROLLO

La enseñanza católica nos exige prestar especial atención a nuestros hermanos y hermanas que están sufriendo en extrema pobreza alrededor del mundo, muchos de los cuales viven en zonas rurales. Buscamos medidas que aborden las necesidades e intereses de los propietarios de granjas pequeñas y trabajadores agrícolas, tanto en el extranjero como en Estados Unidos. Como una estrategia para la reducción de la pobreza global, el comercio internacional con las naciones desarrolladas, si es guiado por principios de justicia, puede hacer mucho más por los países pobres que toda la asistencia exterior. Aunque apoyamos subsidios focalizados y otros programas para granjas de tamaño pequeño y moderado en Estados Unidos (especialmente las que se encuentran en mayor riesgo), también reconocemos que el mayor acceso a los mercados

locales, regionales e internacionales es esencial para el desarrollo agrícola de los países pobres. Los actuales subsidios, apoyos, aranceles, cuotas y otras barreras estadounidenses y europeas que socavan el acceso de los países más pobres a los mercados deben reducirse sustancialmente y enfocarse en políticas que minimicen los efectos directos e indirectos sobre los precios de los bienes de consumo agrícolas. El proceso de reducir estas barreras comerciales no será fácil. Debe tomar en cuenta el tiempo necesario para que los agricultores y trabajadores agrícolas en los países desarrollados, se adapten al mismo, reconociendo a la vez la necesidad de reducir los efectos negativos que las barreras comerciales agrícolas tienen sobre los agricultores que luchan por mantenerse en los países pobres de todo el mundo. Nuestra meta debe ser minimizar el daño a los agricultores causado por las políticas comerciales internacionales. Debemos evaluar todos los acuerdos comerciales, incluyendo el Acuerdo de Libre Comercio de América del Norte (NAFTA, siglas en inglés), por su impacto sobre los agricultores y trabajadores agrícolas.

Apoyamos la meta de un comercio libre y equitativo; sin embargo, los países más pobres necesitan la flexibilidad adecuada para usar medidas protectoras que salvaguarden la seguridad alimentaria y logren estabilidad de ingreso para sus agricultores y trabajadores agrícolas. Es importante que los acuerdos comerciales den a las naciones empobrecidas la oportunidad de usar protecciones cuando sea necesario, incluyendo aranceles, subsidios y otros mecanismos de apoyo, para construir sus sectores agrícolas, de modo que los agricultores pobres puedan continuar produciendo y comercializando cultivos alimenticios básicos, puedan mantener a sus familias y puedan sostener comunidades rurales viables. La fortaleza y éxito del sistema agrícola estadounidense se alcanzó, en parte, mediante de políticas que brindaron un amplio apoyo a los agricultores estadounidenses en el curso de los años. Debemos encontrar formas de que los gobiernos de Estados Unidos y otros países desarrollados adopten políticas comerciales, que brinden acceso especial a sus mercados a los agricultores de las naciones más desesperadamente pobres del mundo y den pasos para promover precios estables para los productos agrícolas. Deben apoyarse iniciativas para un comercio más justo, de modo que las relaciones comerciales beneficien a las comunidades pobres, minimicen la explotación con una remuneración justa, preserven la cultura local y promuevan prácticas agrícolas ambientalmente sostenibles. En algunos casos, los países en desarrollo, al comerciar productos agrícolas entre ellos mismos, podrían beneficiarse de una reducción mutua de sus barreras comerciales.

Para proteger la salud y bienestar de todas las personas, las políticas comerciales deben proveer estándares de seguridad alimentaria consistentes que estén abiertos a examen público, se basen en criterios científicos internacionalmente aceptados y estén sujetos a un proceso neutral de resolución de disputas. Esto asegurará que todos los agricultores estén sujetos a los mismos estándares. Para promover la adopción de estándares consistentes en todo el mundo, las naciones desarrolladas deben proporcionar asistencia técnica y de otra índole a los países más pobres.

Todas las personas tienen el derecho humano básico a una cantidad suficiente de alimento seguro para sustentar la vida. La asistencia alimentaria es una respuesta esencial a personas que no tienen acceso a alimento adecuado. Alentamos a las naciones más pudientes, incluyendo Estados Unidos, a responder generosamente a las solicitudes de asistencia alimentaria y a enfocar su ayuda en satisfacer las necesidades de las personas hambrientas, según lo determinen los países necesitados. La asistencia alimentaria no debe ser un medio para que las naciones desarrolladas se deshagan de mercancías excedentarias, creen nuevos mercados para productos agrícolas, desplacen la producción alimentaria local o distorsionen los precios mundiales de los alimentos. Los programas de asistencia alimentaria no deben fomentar la dependencia entre los países receptores y deben ser diseñados de manera que propicien estrategias de seguridad alimentaria más amplias para las naciones pobres. Las naciones pudientes y las instituciones internacionales deben apoyar y ayudar a los países en desarrollo a crear estrategias que aseguren la seguridad alimentaria de su población. Los gobiernos de los países en desarrollo tienen la obligación de hacer todo lo razonablemente posible para superar el hambre. Esto requiere promover el desarrollo agrícola, refrenar la corrupción y asegurar que la asistencia alimentaria realmente vaya a los hambrientos. A veces, proporcionar asistencia financiera que posibilite a los receptores de asistencia alimentaria comprar alimentos en mercados regionales o internacionales podría ser la mejor opción. La decisión de aceptar asistencia alimentaria se ha visto complicada por el desarrollo de nuevas tecnologías que alteran la composición genética de algunos cereales y otros alimentos. Debido a que algunas naciones desarrolladas del mundo no comerciarán con países cuyos productos hayan sido genéticamente alterados, aceptar alimentos genéticamente modificados como asistencia alimentaria puede poner en riesgo el acceso de un país pobre a mercados importantes. Si semillas genéticamente alteradas provenientes de asistencia alimentaria son sembradas accidentalmente, los cultivos de un país pueden alterarse genéticamente y no ser ya aceptados por algunos socios comerciales. Los donantes deben informar plenamente a los países en desarrollo cuando la asistencia alimentaria contenga cultivos genéticamente modificados. Respetamos el derecho de las naciones soberanas a tomar decisiones sobre si aceptar asistencia alimentaria basándose en su evaluación de los riesgos para la salud, el medio ambiente y el acceso a los mercados internacionales. Sin embargo, cuando la amenaza de hambruna pone en riesgo vidas humanas, y no hay alternativas factibles, la asistencia alimentaria debe hacerse llegar a los hambrientos. En estas situaciones, los donantes deben hacer todo esfuerzo posible para asegurar que los cultivos locales no resulten afectados, y para responder a las preocupaciones locales moliendo los granos de asistencia alimentaria y adoptando otras medidas.

En una economía crecientemente globalizada, las corporaciones multinacionales proporcionan a los agricultores de todo el mundo semillas, crédito, apoyo de mercadeo, transporte, alimentos y otros recursos. Aunque el acceso global a productos y tecnologías puede rendir importantes beneficios, también implica el riesgo de que el control sobre estos bienes llegue a concentrarse en las manos de unas pocas corporaciones poderosas y de que el control local sobre las prácticas agrícolas se pierda. Las políticas de los gobiernos y de las instituciones internacionales deben promover la competencia equitativa en el sector agrícola, protegiendo a la vez los intereses de los propietarios de granjas pequeñas.

Escala. En 2001, el 55% de todos los trabajadores de los países en desarrollo estaba empleado en la agricultura;[1] el 70% de los pobres en los países en desarrollo vive en zonas rurales y deriva sus medios de sustento de la agricultura directa o indirectamente.[2] Entre las regiones en desarrollo, África tiene la mayor concentración de países de bajos ingresos y déficit alimentario, que no pueden producir alimentos suficientes para nutrir a sus poblaciones y que no tienen medios para compensar el déficit con las importaciones.[3] Asimismo, en el África Subsahariana, las mujeres producen hasta el 80% de los productos alimenticios básicos.[4]

Hambre. Se estima que 840 millones de personas en todo el mundo están malnutridas,[5] pese al hecho de que los agricultores producen globalmente 2,800 calorías de alimento por persona al día:[6] suficiente para nutrir adecuadamente a toda la población del planeta. Además, 30,000 niños mueren diariamente de hambre y de causas relacionadas; 1,200 millones de personas viven con menos de $1 por día, el 75% de las cuales se encuentra en zonas rurales.[6]

Comercio/asistencia. Estados Unidos es el exportador más grande de bienes de consumo agrícolas en el mundo.[8] Tres compañías representan el 81% de las exportaciones de maíz y el 65% de las de soya; cuatro compañías representan el 60% de las terminales de granos.[9] En 2001, los países desarrollados dieron seis veces más en subsidios a sus propios agricultores que lo que dieron en total de asistencia exterior a los países pobres. Estos subsidios agrícolas causan "daño directo a los países pobres", porque bajan los precios que los agricultores pobres recibirían por sus productos.[10] La asistencia alimentaria global de Estados Unidos en 2001 representó un 60% de todos los alimentos donados en el ámbito mundial.[11]

---

1   Organización de las Naciones Unidas para la Agricultura y la Alimentación (FAO), *Movilización de la voluntad política y de los recursos para eliminar el hambre en el mundo*, preparado para la Cumbre Mundial sobre la Alimentación Cinco Años Después (2002), pág. 63.
2   FAO, *El estado de la inseguridad alimentaria en el mundo 2002*, pág. 12.
3   International Fund for Agricultural Development, *Drylands: A Call to Action* (1998), pág. 6.
4   FAO, *El género y la seguridad alimentaria.*
5   FAO, *El estado de la inseguridad alimentaria en el mundo 2001.*
6   FAO, *Agricultura mundial: Hacia los años 2015/2030* (2003).
7   *Movilización de la voluntad política*, N° 3.3.
8   USDA, *Food and Agricultural Policy: Taking Stock of the New Century* (septiembre de 2001), 40.
9   William Heffernan, *Multi-National Concentrated Food Processing and Marketing Systems and the Farm Crisis*, 11. Documento presentado a la American Association for the Advancement of Science, 14-19 de febrero de 2002.
10 Programa de las Naciones Unidas para el Desarrollo, *Informe sobre desarrollo humano* (2003), 155-156.
11 World Food Program, "Global Food Aid Flows," *Food Aid Monitor* (2001).

IV. TECNOLOGÍAS EMERGENTES

Se están desarrollando y usando nuevas tecnologías agrícolas, que prometen aumentar la productividad agrícola, recortar costos, crear cultivos más resistentes, reducir la necesidad de pesticidas y mejorar la nutrición. Debe alentarse la investigación en una amplia gama de nuevas tecnologías agrícolas, pero con cautela y prudencia. Deben ampliarse las inversiones públicas en investigación, centrándose en oportunidades para ayudar a los pueblos y a las naciones más pobres del mundo. Por ejemplo, si las nuevas tecnologías hacen posible sembrar con éxito cultivos en tierras marginales y en condiciones climáticas adversas en las regiones pobres del mundo, ellas podrían contribuir significativamente a mejorar la nutrición y la seguridad alimentaria de la población de esas regiones. Los países desarrollados deben también ayudar a los países en desarrollo a fortalecer su capacidad de vigilar y regular por su cuenta los organismos genéticamente modificados.

Mirando, más allá de la investigación, al uso efectivo de las nuevas tecnologías, vemos importantes temores y polarizaciones significativas, especialmente en torno a los productos genéticamente modificados. Algunos apoyan el uso de alimentos genéticamente modificados, observando que son consumidos ampliamente en Estados Unidos sin impactos negativos aparentes sobre la salud humana y el medio ambiente. Otros, creen que no ha habido tiempo suficiente para realizar una investigación exhaustiva de los efectos a largo plazo sobre la salud y el medio ambiente. Nos sumamos a la Santa Sede en plantear dos preocupaciones clave: la urgente necesidad de enfocar las innovaciones de la tecnología agrícola en reducir la pobreza y el hambre, y la importancia de asegurar una abierta discusión y participación en la toma de decisiones tocante al desarrollo y uso de productos genéticamente modificados.[9] Con estas prioridades en mente, creemos que el uso de productos genéticamente alterados debe perseguirse con cautela y prestando seria y urgente atención a sus posibles impactos sobre los seres humanos, la salud y el medio ambiente. Incluso si los alimentos genéticamente modificados son sanos para el consumo, pueden aun así plantear riesgos ambientales que deben ser manejados. Científicos de los países desarrollados han recalcado la necesidad de anticipar y manejar los efectos que la modificación genética podría tener sobre el medio ambiente. Los países en desarrollo pueden necesitar asistencia financiera y técnica para establecer su capacidad de vigilar y abordar el riesgo ambiental asociado con la ingeniería genética.

El debate sobre la asistencia alimentaria genéticamente modificada refleja dos cuestiones morales clave: ¿Quién decidirá el uso y la disponibilidad de estas nuevas tecnologías? ¿Y quién se beneficiará de ellas? Algunos individuos y países buscan rechazar los bienes de consumo genéticamente modificados. Tienen importantes preocupaciones sobre los riesgos a la salud y el medio ambiente. También temen que otros cultivos sean afectados por semillas genéticamente modificadas, con la consiguiente pérdida de algunos socios comerciales. Aceptamos su derecho a evaluar los riesgos y a rechazar estos productos, en la medida en que no se pongan vidas en riesgo.

Otros tienen la preocupación de que la disponibilidad de los beneficios de las nuevas tecnologías e ingeniería genética no sea muy amplia. Temen que los agricultores se hagan dependientes de semillas patentadas por unas pocas empresas, lo cual podría proporcionar réditos a los inversionistas a expensas de los productores. Tanto las entidades públicas como las privadas tienen la obligación de usar su propiedad, incluyendo la propiedad intelectual y científica, para promover el bien de todas las personas. Para asegurar que los beneficios de las tecnologías emergentes sean ampliamente compartidos, las patentes deben ser otorgadas por el tiempo mínimo y bajo las condiciones mínimas necesarias para brindar incentivos a la innovación. Los productos y procesos agrícolas desarrollados en el curso del tiempo por los pueblos indígenas no deben ser patentados por foráneos sin consentimiento y compensación equitativa. Para asegurar que los países pobres puedan aprovechar las nuevas tecnologías, se necesitarán estrategias y programas que ayuden a transferir estas tecnologías de manera asequible. La fuerza motora en este debate no deben ser las ganancias o la ideología, sino cómo puede superarse el hambre, cómo puede ayudarse a los agricultores pobres y cómo la gente participa en el debate y en las decisiones. (Véase el recuadro informativo "Nuevas tecnologías, nuevas preguntas: ¿Cuáles son las oportunidades y los problemas de las nuevas tecnologías agrícolas?")

V. CUSTODIA DE LA CREACIÓN

Proteger la creación de Dios debe ser una meta central de las políticas agrícolas. Apoyamos políticas que promuevan la conservación del suelo, mejoren la calidad del agua, protejan la vida silveste y mantengan la biodiversidad. Los recursos gubernamentales deben focalizarse en granjas y ranchos que practiquen una agricultura ambientalmente sólida. Urgimos a los agricultores a minimizar el uso de pesticidas y otros productos químicos y, cuando se usen, a que tomen fuertes medidas para proteger de éstos a los, los trabajadores agrícolas, a sus familias y a sí mismos. Los trabajadores agrícolas que puedan estar expuestos a estos riesgos necesitan mayor acceso a la información para prevenir y tratar la exposición a estas sustancias. Las políticas y reglamentos gubernamentales deben buscar reducir el uso de pesticidas tóxicos y promover alternativas más seguras. Cuando los trabajadores agrícolas o sus familias resulten heridos o enfermen debido a ese tipo de exposición, debe contarse con la adecuada atención sanitaria y beneficios.

La enseñanza católica sobre la custodia de la creación nos lleva a cuestionar ciertas prácticas agrícolas, tales como la operación de enormes lotes de alimentación de animales confinados. Creemos que estas operaciones deben ser cuidadosamente reguladas y vigiladas, de modo que se minimicen los riesgos ambientales y los animales sean tratados como criaturas de Dios.

Otra importante preocupación es la práctica de dedicar grandes extensiones de tierra a un solo cultivo o unas cuantas variedades de un cultivo. Aunque las economías de escala están asociadas con esta práctica, también lo están los riesgos ambientales. A menos que haya un manejo apropiado, este limitado enfoque de la producción puede llevar al agotamiento del suelo y la destrucción de tierras fértiles. Esta práctica debe ser cuidadosamente evaluada a la luz de sus impactos ambientales.

Escala de la erosión del suelo. De 1982 a 1995, la erosión de la tierra de cultivo y la tierra inscrita en el Programa de Reserva de Conservación del Departamento de Agricultura de Estados Unidos disminuyó en un 38%. Desde 1995, la erosión en Estados Unidos se ha estabilizado, pero se ha determinado que el 29% de la tierra de cultivo sufre todavía de excesiva erosión. Esta grave erosión afecta la calidad general del agua y del aire.[1]

Se estima que el 23% de toda la tierra utilizable en el planeta está afectada por la degradación, y la erosión del suelo es uno de los factores principales. Las causas incluyen el excesivo pastoreo, la deforestación y el uso excesivo de productos químicos.[2] En África, el 25% de la tierra es propensa a la erosión por agua y el 22% a la erosión por viento.[3]

Escala de las necesidades de agua. La porción utilizable de toda el agua dulce del planeta es de menos de un 1%. Más del 50% de todas las aguas de escurrimiento se encuentra en Asia y América del Sur. Alrededor de un tercio de la población mundial vive en países que sufren de escasez de agua entre moderada y alta. Unos 80 países, que constituyen el 40% de la población mundial, sufrieron de escasez grave de agua en la década de 1990. Aunque el número de personas atendidas con agua de calidad mejorada creció, 1,100 millones de personas carecen todavía de acceso a agua segura. Para 2020, se espera que el uso de agua aumente en un 40%, y se necesitará un 17% más de agua para la agricultura, particularmente la agricultura de riego.[4] En Estados Unidos, la agricultura depende de agua subterránea para el 62% de su tierra cultivable de riego.[5]

1   U.S. Department of Agriculture, Natural Resources Conservation Service, *1997 National Resources Inventory: Highlights*, rev. ed. (diciembre de 2000).
2   Programa de las Naciones Unidas para el Medio Ambiente, *Perspectivas del medio ambiente mundial 2002 GEO-3*, (2002), pág. 64.
3   *Perspectivas del medio ambiente mundial*, pág. 70.
4   *Perspectivas del medio ambiente mundial*, pág. 150.
5   *Perspectivas del medio ambiente mundial*, pág. 170.

Nota Final

La agricultura no es símplemente otro sector económico cualquiera. Está relacionada con el alimento y el hambre, con la manera como tratamos a los que siembran y cosechan nuestro alimentos y fibras, y con la clase de nación y de mundo que estamos moldeando. La agricultura y la vida rural, los agricultores y los trabajadores agrícolas han sido preocupaciones de larga data en nuestra Conferencia, pero las tendencias a la creciente concentración en la agricultura y a la creciente globalización en nuestro mundo están suscitando nuevas preguntas, que tienen significativas dimensiones humanas e implicaciones éticas. Esperamos que estas reflexiones contribuyan a un diálogo más amplio sobre las dimensiones morales de la agricultura y a renovados esfuerzos por propiciar la dignidad de los agricultores, los rancheros y los trabajadores agrícolas.

NOTAS

1   Cf. National Conference of Catholic Bishops/United States Catholic Conference, *Report of the Ad Hoc Task Force on Food, Agriculture, and Rural Concerns* (Washington, DC: USCCB, 1988); United States Catholic Conference, *Food Policy in a Hungry World: The Links That Bind Us Together*, (Washington, DC: USCCB, 1989).

2   Entre las organizaciones católicas nacionales clave están Catholic Committee on Appalachia, Catholic Extension, Catholic Relief Services, National Catholic Rural Life Conference; y en la USCCB, Catholic Campaign for Human Development y Secretariat for Home Missions.

3   Congregación para la Doctrina de la Fe, *Nota doctrinal sobre algunas cuestiones relativas al compromiso y la conducta de los católicos en la vida política* (24 de noviembre de 2002), N° 3, http://www.vatican.va/roman_curia/congregations/cfaith/documents/ rc_con_cfaith_doc_20021124_politica_sp.html (acceso en noviembre de 2003).

4   *Nota doctrinal sobre algunas cuestiones relativas al compromiso y la conducta de los católicos en la vida política*, N° 6.

5   USCCB, *Justicia económica para todos: Edición por el décimo aniversario* (Washington, DC: USCCB, 1997): "Una meta paralela de la política alimentaria en Estados Unidos ha sido la de mantener los alimentos a bajo costo para el consumidor. Por esa razón, la proporción de los ingresos disponibles que se gastan en los alimentos es actualmente más baja en Estados Unidos que en cualquier otro país industrializado . . . aunque es cierto que los precios bajos de los alimentos son favorables para los consumidores, quienes pueden gastar en otros bienes una mayor proporción de los ingresos, dichas políticas presionan a los agricultores a aumentar la producción y limitar los costos, lo cual los ha llevado a sustituir el trabajo humano con energía más barata, a extender el tamaño de las fincas para utilizar las nuevas tecnologías que son más aptas para operaciones de gran escala, a descuidar la conservación del suelo y del agua, a pagar demasiado poco a los trabajadores agrícolas y a oponerse a que éstos se sindicalicen" (N° 219-220).

6   Cf. USCCB, *Un lugar en la mesa: Renovación del compromiso católico de superar la pobreza y respetar la dignidad de toda la creación de Dios* (Washington, DC: USCCB, 2002).

7   La enseñanza social católica es una rica tradición enraizada en las Escrituras y en la experiencia de vida del pueblo de Dios. Se ha desarrollado en los escritos de los líderes de la iglesia a lo largo de los siglos y su expresión más reciente se ha producido mediante una tradición de modernos documentos papales, conciliares y episcopales. Para una discusión más detallada de los temas identificados aquí y sus raíces, véase el *Catecismo de la Iglesia Católica*, 2° ed. (Washington, DC: United States Conference of Catholic Bishops [USCCB]-Libreria Editrice Vaticana, 2000); *Sharing Catholic Social Teaching* (Washington, DC: USCCB, 1999); el sitio web de la USCCB *www.usccb.org*; el sitio web del Vaticano *www.vatican.va*. Asimismo, para declaraciones anteriores de los obispos católicos sobre agricultura —a saber, el informe de la *Ad Hoc Task Force on Food, Agriculture, and Rural Concerns* (1988) y *Food Policy in a Hungry World: The Links That Bind Us Together* (1989)— contactarse con USCCB Publishing al 800-235-8722 o acudir al sitio web de la USCCB.

8   Juan Pablo II, *En el centenario de la Rerum Novarum* (*Centesimus Annus*) (Washington, DC: USCCB, 1991), N° 48.

9   Cf. Arzobispo Renato R. Martino, Discurso a la Conferencia Ministerial sobre Ciencia y Tecnología en la Agricultura, Sacramento, California, junio 23-25, 2003.